AF226832

PRENEZ GARDE!

ON VOUS TROMPE

PAR

LE CHEVALIER C. M. D'OLIOS

Prix : 20 centimes

PARIS

LIBRAIRIE ANDRÉ SAGNIER
7 CARREFOUR DE L'ODÉON, 7

1873

AUX CULTIVATEURS

A TOUS LES OUVRIERS DES VILLES & DES CAMPAGNES

C'est à vous surtout, braves cultivateurs qui n'avez que l'honnêteté pour guide, à vous ouvriers laborieux qui faites la fortune des nations, que j'adresse cet opuscule afin de vous apprendre des faits qu'on cherche à vous cacher, afin d'empêcher qu'à l'avenir on puisse abuser de votre bonne foi.

Instruit de la vérité, je crois devoir la faire connaître en déchirant le voile dont on la couvre, et si vous me prêtez l'attention que réclame la gravité des faits que je soumets à votre appréciation, j'aurai atteint mon but, car votre jugement sait distinguer l'hypocrisie de la sincérité.

Lisez, communiquez vos impressions à vos amis et quand vous aurez reconnu l'erreur dans laquelle on vous tient : défiez-vous. —

Chev C. M. d'OLIOS.

PRENEZ GARDE !

ON VOUS TROMPE

I

Dans le temps où nous vivons, chacun se demande pourquoi la justice de Dieu s'appesantit de plus en plus sur la France ; pourquoi la France, gouvernée pendant 14 siècles par une même famille de rois qui l'ont rendue prospère, n'a pu, depuis 1793, laisser ses destinées entre les mains des divers souverains qui se sont succédés ; pourquoi enfin, au milieu de nos plus grands désastres, quand nous voyons le mépris des lois prendre le nom de justice et les expédients de la politique celui de liberté, en privant le peuple des avantages que demandent les progrès du temps ; pourquoi la Providence ne suscite pas un homme puissant avec la force nécessaire pour arrêter le torrent, qui désolant tout sur son passage, nous entraîne dans les voies où nous ne pouvons trouver le bonheur.

Quelques grands seigneurs le savent bien pourquoi ; mais les intérêts personnels qui dictent leur conduite, la honte qu'ils éprouvent d'avouer les crimes dont ils se sont rendus complices, leur imposent le silence ; ils préfèrent sacrifier le bien-être de leur pays à leurs rêves ambitieux. Ils oublient donc que la clémence de Dieu ne pardonne qu'au repentir et que le repentir n'a de valeur auprès de lui, que si celui qui le ressent, use de tous ses moyens pour réparer le mal qu'il a fait.

Vous vous taisez, criminels d'autant plus grands que vous avez occupé des positions plus élevées. Vous voulez continuer votre œuvre de destruction et vous espérez, par des airs de compassion offensante que vous adressez aux paysans, aux ouvriers, vous assurer l'impunité des crimes révoltants dont chacun de vos actes porte le sceau ; eh bien ! je vais parler pour vous !

Je ne suis pas connu de la plupart de mes lecteurs, mais je suis Français, j'aime mon pays et j'ai tout fait pour le prouver. C'est pour éclairer les consciences honnêtes que je livre à la publicité des faits incontestables, c'est pour rendre justice à la plus sainte des causes que, sans me préoccuper des inimitiés que je pourrai soulever, je veux dire hautement quels sont les plus grands fauteurs de désordres, quels sont les fléaux de l'humanité.

II

J'avais souvent entendu dire que le dauphin (fils du malheureux roi Louis XVI) n'était pas mort au Temple, mais les divers individus que la police à fait arrêter sous ce nom et que les tribunaux ont condamnés comme imposteurs, m'avaient fait croire, ainsi qu'à beaucoup d'autres, que les bruits d'évasion étaient faux ou que, s'ils étaient vrais, cet enfant était mort peu de temps après sa sortie du Temple.

Je considérais donc comme légitime, la succession au trône de Louis XVIII et de Charles X, quand la copie d'une assignation, envoyée au comte de Chambort par la famille du duc de Normandie, est tombée entre mes mains. Cette assignation révèle des faits si inouïs que j'ai d'abord pensé à une mystification, dont j'ai voulu découvrir l'origine ; j'ai fait part de mes impressions à quelques amis, ils m'ont aidé dans mes recherches, et il en résulte que Charles-Louis, duc de Normandie, dauphin de France, Louis XVII enfin, n'est pas mort au Temple

en 1795, comme le raconte l'histoire, mais bien à
Delft (Hollande), ou j'ai vu son tombeau, sur lequel
est gravé :

ICI

REPOSE LOUIS XVII

ROI DE FRANCE ET DE NAVARRE

(CHARLES-LOUIS DUC DE NORMANDIE)

NÉ A VERSAILLES, LE 27 MARS 1785

DÉCÉDÉ A DELFT

LE 10 AOUT 1845

La famille de ce roi, découronné par ses oncles,
habite la Hollande, où le gouvernement a reconnu
sa royale origine *par des actes officiels ;* et le
respect dont la population entoure ces fils de rois,
prouve les sympathies que dans leurs malheurs ils
ont su inspirer.

Ce n'est pas une couronne que demandent ces
infortunés, ce n'est pas leurs droits au trône de leurs
ancêtres qu'ils revendiquent, oh non ! ils ont trop
vécu au milieu du peuple pour ne pas en partager tous
les sentiments, et le souvenir de leur famille, dont
le sang le plus pur a taché le sceptre de plusieurs
rois, leur fait désirer avant tout le sort des citoyens
libres dans un pays libre. — Mais ce qu'ils veulent
(ce que personne n'a le droit de leur refuser) c'est
la justice, c'est leur nom, c'est l'héritage du roi
Louis XVI et de la reine Marie-Antoinette, qui leur

a été volé par Mme la duchesse d'Angoulême, dont le comte de Chambord a hérité lui-même.

Quoique vivant de privations, ils ne veulent pas, comme les fils millionnaires de Louis-Philippe, que la France leur rende les châteaux et les forêts qui, par droit de succession ordinaire, devraient leur appartenir et dont l'État a cru devoir s'emparer ; ils seraient trop heureux de servir leur pays pour avoir jamais eu l'idée de s'enrichir à ses dépens.

Ce que veut la famille de Bourbon, c'est l'application de la loi vis-à-vis d'elle comme vis-à-vis du plus simple citoyen, c'est un jugement rendu par les tribunaux ordinaires, devant lesquels elle a déjà produit et produira encore les preuves authentiques qu'elle possède, de la légitimité de ses droits.

Bien des fois le duc de Normandie a demandé la justice qui lui était due ; mais les souverains d'alors exerçaient une telle puissance, ou plutôt répandaient partout une telle corruption que, quand le malheureux prince croyait voir l'instant propice à ses revendications, on le faisait enlever, enfermer dans des cachots ou transporter à l'étranger, où ses ennemis envoyaient des agents avec mission de l'assassiner.

Dieu qui sait déjouer les plans les mieux conçus, quand ils ont le crime pour base, veillait sur les jours du roi proscrit ; sa belle âme, dont chaque aspiration tendait au bonheur de la France, devait accomplir sur la terre les desseins de la Providence avant d'aller rejoindre celle de son malheureux père. Aussi malgré le poison, le poignard, les balles et le feu employés pour s'en défaire, Louis XVII a vécu assez longtemps pour donner à tous ceux qui l'ont connu, et dont j'ai lu les témoignages authentiques, des preuves irréfutables de son identité.

III

En 1850, la famille du duc de Normandie crut que, la France étant redevenue libre, elle pouvait revendiquer ses droits devant les tribunaux ; elle assigna donc la duchesse d'Angoulême, le comte de Chambord et la duchesse de Parme, à comparaître devant le tribunal de première instance de la Seine. Les délais expirés, le procès eut lieu ; la cause fut plaidée par Me Jules Favre, dont la parole éloquente et généreuse doit encore soutenir les droits civils de la famille royale méconnue ; les preuves les plus décisives et les plus concluantes furent puissamment développées pendant deux audiences. Malgré l'absence des défendeurs

(Mmes d'Angoulême et de Parme, le comte de Chambord) qui, par peur de la justice, ne s'étaient pas fait représenter, faisant ainsi mépris de leur honneur royal si gravement attaqué, eh bien ! le tribunal, au lieu de condamner par défaut (comme la loi l'y obligeait) ces princes si peu jaloux de leur dignité, osa, après un quart d'heure de délibération, par conséquent sans examiner les preuves produites à l'appui de la demande, refuser justice aux réclamants.

N'est-ce pas une preuve évidente de corruption que ces juges ont donnée ? N'est-ce pas une preuve manifeste de la mauvaise foi préméditée des grands seigneurs qui dirigent la conduite du comte de Chambord ?

C'est qu'il est bien gardé ce prince ! et ses courtisans sont trop heureux auprès de sa personne, qui respire le bonheur, pour souffrir que leur maître prête quelqu'attention aux justes réclamations de ceux que leurs intrigues ont dépossédés de l'héritage paternel. Nous les voyons pourtant chaque jour, ces champions d'une fausse légitimité, proclamer hautement leur loyauté, leur désintéressement, leur seul désir de voir renaître en France les jours de prospérité, qui assurent le respect de la religion et celui de tous les droits.

Loin de moi l'idée de vouer ici à l'infamie la grande majorité du parti légitimiste, car je sais

qu'il en est beaucoup de bonne foi, mais j'écris
pour éclairer la religion de ceux qui ignorent les
faits que je rapporte, pour faire appel à la conscience de ceux qui les connaissent et dont les
remords ne cesseront que par leur franc retour à
la vérité.

IV

Les souverains français ne sont pas les seuls,
qu'une odieuse politique a forcés de méconnaître
les droits du duc de Normandie. Le gouvernement
prussien lui-même, qui possédait des papiers écrits
et signés par Marie-Antoinette et Louis XVI, écrits
que le Dauphin avait confiés au ministre prince de
Hardenberg, eut l'impudence de faire porter contre
Louis XVII d'infâmes accusations et de le faire
emprisonner, quoique les juges l'eussent reconnu
innocent des faits inventés pour le tuer morale-
ment.

De tous les gouvernements de l'Europe, celui de
Hollande est le seul, je le dis à sa louange, qui ait
accordé à ce roi proscrit et à sa famille l'hospitalité
protectrice et bienveillante, qu'ils avaient le droit
d'attendre de toutes les nations.

Honte à ceux qui, par leurs machinations infernales, ont accablé de mauvais traitements un homme de grand génie, coupable du seul crime d'être l'illustre fils d'un roi martyr, dont les derniers mots furent pour bénir la France et pardonner à ses bourreaux !

Les puissances de l'Europe avaient un grand intérêt politique à méconnaître le fils de Louis XVI. Si son existence eut été admise, les traités honteux auxquels avait souscrit le comte de Provence, n'auraient pu avoir leur exécution La France redevenue grande par la restauration du trône légitime eut été redoutable pour les Etats voisins ; tandis qu'en plaçant Louis XVIII sur le trône, ils restaient si bien maîtres de sa volonté, que le jour où ce roi usurpateur aurait voulu secouer le joug qui lui était imposé, on l'aurait menacé de lui enlever la couronne pour la rendre à Louis XVII, dont il occupait la place... Or, quand on sait tous les moyens employés par le comte de Provence pour arriver au pouvoir ; quand on connaît son ignoble conduite vis-à-vis du roi son frère et de son auguste reine ; quand on voit les trahisons qu'il a tramées pendant la révolution, en correspondant avec les régicides de 93 et en leur prodiguant ses faveurs lorsqu'il est arrivé au trône, on conçoit qu'aucun crime ne put l'arrêter, pour obtenir et conserver la puissance qu'il avait acquise au prix du sang de sa famille. Toute-

fois, dès qu'il sentit approcher le moment de paraî-
tre devant Dieu, il tenta de réparer une partie de
ses méfaits en ordonnant, par son testament, que la
couronne de France passât sur la tête de son neveu
(le duc de Normandie).

Ce testament, tombé entre les mains des minis-
tres du comte d'Artois, fut présenté à ce prince,
qui, par un élan de cœur grand et généreux, était
résolu à reconnaître Louis XVII pour son roi légitime, quand survint M. de Latil qui, par ses obses-
sions, parvint à le décider à jouer à son tour le
triste rôle d'usurpateur.

V

La Providence a ses décrets : ils sont aussi im-
pénétrables qu'immuables, mais lorsqu'ils sont
accomplis, chacun en comprend le but. La justice
de Dieu a dit : « Je rechercherai l'iniquité des
pères jusque dans la quatrième génération. » Quel
enseignement pour les peuples ! quelle leçon pour
les rois destinés à être les pères de leurs sujets !
Hélas ! ces rois, dans le passé comme dans le présent, ne nous ont-ils pas laissé pour funeste héritage : révolutions, crimes de toutes sortes, déchaî-
nement des hommes et des choses !

Les éléments eux-mêmes semblent, dans les temps de crises sociales, mêler leur bouleversements à la confusion des esprits ; et ne voyons-nous pas en effet une main invisible qui nous châtie, pour nous ouvrir les yeux que nous nous obstinons à fermer ?...

La religion est persécutée, les droits sont violés par les gouvernants et par les gouvernés ; ceux de qui nous devons attendre l'exemple du bien, s'énorgueillissent de leurs forfaits ; mais Dieu veille, et malheur à nous si, pour nous forcer à reconnaître sa toute-puissance, il emploie les moyens dont il dispose.

En plusieurs circonstances, il a permis que des hommes paisibles et honnêtes, appartenant à la classe du peuple, allassent porter ses ordres aux têtes couronnées ; entr'autres Martin, laboureur de Gallardon, qui, en 1816, fut admis auprès de Louis XVIII pour accomplir une mission providentielle. Ce fait, nié par ceux-là seulement qu'un intérêt direct pousse à l'incrédulité, est constaté par tous les écrits du temps, et le résultat de l'entrevue de Martin avec Louis XVIII, nous prouve que ce roi philosophe eut peur des menaces de l'avenir, puisqu'au récit de certaines révélations que Martin lui communiqua, les larmes échappèrent de ses paupières, que le martyre de sa famille n'avait pu rendre humides.

« Etant à la chasse avec le roi votre frère, » lui dit Martin, « vous avez eu l'intention de le tuer pour occuper sa place, mais, au moment où vous l'avez couché en joue, une branche d'arbre a détourné votre arme. »

« C'est vrai, » répondit le roi.

« Vous occupez un trône qui ne vous appartient
« pas et vous savez à qui il revient. Vous voulez
« vous faire sacrer à Reims, ne le faites pas, sans
« quoi ce jour sera le dernier de votre vie. »

Toutes les paroles qui ont été prononcées dans cette entrevue, ont été rapportées par Mme du Cayla qui, cachée derrière une tapisserie, y assistait; Martin, lui-même, l'a dit après la mort de Louis XVIII, qui lui avait demandé le secret pendant toute sa vie.

Quand Martin quitta le roi, M. de Caze, ministre de la police, désira savoir ce que le paysan pensait de lui et il lui répondit : « Si l'on vous rend justice vous serez pendu. »

Malgré l'impression que le roi ressentit, à la manifestation de faits que lui seul pouvait savoir, puisque sa pensée même lui était dévoilée par Martin, il ne put se résoudre à accomplir les ordres du Très-Haut ; mais il fit contremander de mois en mois, l'époque de son sacre, et, craignant la réalisation de la menace qui lui était faite, il ne se fit *jamais sacrer*.

Si je voulais puiser dans le surnaturel les arguments à opposer aux détracteurs de la vérité, je rapporterais ici le détail des visions de Martin, mais je ne veux appuyer mes assertions que sur des faits matériels, constants, relatifs aux hommes qui nous gouvernent depuis 1789 ; et si, à la fin de cet ouvrage, je sacrifie quelques pages à l'explication des diverses prophéties, c'est surtout pour bien démontrer, que le comte de Chambord n'est pas le *grand monarque* dont elles annoncent l'arrivée.

VI

Voyons maintenant les garanties que nous offrent les prétendants au trône, en présence des forfaits de leurs prédécesseurs et des accusations portées contre eux par la famille du duc de Normandie, dont ils ne peuvent éloigner le poids qu'en se soumettant au jugement des magistrats, que la France de 1873 somme de rendre la justice à qui de droit, sans égard aux qualités ni aux positions.

En me communiquant tous les documents que j'ai désiré soumettre à ma conscience, en me fournissant toutes les preuves que j'ai voulu voir, la famille de Bourbon, que j'ai eu maintes fois l'honneur de visiter, m'a entièrement convaincu de sa royale origine ; mais s'il me fut resté encore un nuage de doute, j'avoue que le silence par lequel a toujours répondu le comte de Chambord aux lettres qui lui ont été adressées, aux réclamations qu'on lui a faites, surtout lors de son dernier séjour à Bréda, ville où madame la duchesse de Normandie est domiciliée avec plusieurs de ses enfants, suffirait pour le détruire.

En effet, de deux choses l'une (et tous les hommes loyaux diront comme moi) : si le comte de Chambord peut établir que la famille du duc de Normandie n'est pas ce qu'elle dit être, il se doit à lui-même, il doit à son pays de démasquer une imposture qui compromet le nom de 74 rois ; et si cette famille, qui pour vivre, doit recourir au travail de ses mains, est bien la famille du duc de Normandie, fils de Louis XVI, c'est un crime sans pareil que de lui refuser, en France, le nom qui lui appartient, l'héritage dont on l'a dépouillée.

Si malgré l'assignation qu'il a reçue, le comte de Chambord persistait à ne pas répondre aux attaques dirigées contre lui, contre sa loyauté personnelle, tous ceux qui, jusqu'à ce jour, l'ont entouré du respect et de l'attachement dûs à la probité des princes, devraient craindre son avènement au trône, non-seulement comme une troisième usurpation, mais encore comme l'apologie de la plus infàme violatlon des droits d'autrui.

Un seul prince français a eu l'honnêteté d'oublier ses propres intérêts, pour chercher à faire admettre l'identité du fils de Louis XVI : ce prince, c'est le père du comte de Chambord, le duc de Berry, qui, ayant eu le courage de dire au roi Louis XVIII que sa couronne appartenait au duc de Normandie, son neveu, dont l'existence lui était connue, fut assassiné quelques jours plus tard, victime de sa probité. Malheureux prince ! il ne pensait pas, lorsqu'il tomba sous le poignard d'un assassin, que son fils méconnaîtrait son dernier vœu, celui que justice fut rendue au fils de Louis XVI.

Les hommes politiques ont prétendu que l'assassinat du duc de Berry fut commis par un républicain, dont l'unique but était de détruire ainsi un héritier de la couronne de France. C'était pour détourner l'attention publique de la véritable cause du crime. Louvel était un misérable, salarié pour servir les criminels projets de ceux qui avaient armé sa main, en lui promettant l'impunité. On lui avait fait croire qu'un mouvement révolutionnaire éclaterait, et qu'on profiterait du moment ou il serait conduit à l'échafaud, pour l'arrach er des mains de ses gardiens et le rendre à la liberté, en lui payant le prix du sang. Aussi, vit-on ce célérat se taire et ne pas se douter, jusqu'aux pieds de l'échafaud, du sort qui l'attendait. On assure que, quand il se vit coucher sur la planche fatale, il voulut parler mais il ne put articuler que ces mots « je ne croyais pas qu'on me fît mourir. » Il reconnut, trop tard, qu'il avait servi d'instrument à de plus grands criminels que lui.

VII

Au milieu de tous les crimes, que les cours de l'Europe ont vu de sang-froid s'accomplir, dans le seul but de faire méconnaître un prince qui pouvait rendre à la France sa prospérité des beaux jours, on ne peut s'empêcher d'appeler l'anathème sur la tête de tous ces rois ivres de cupidité.

Tot ou tard les crimes se découvrent et la vérité resplendissante se fait jour : c'est aux peuples à demander justice aux rois, et c'est aux rois, qui veulent avoir des droits à l'amour et au respect de leurs sujets, à lever le masque sous lequel se cachent tant d'iniquités. Prêtres, nobles, bourgeois, cultivateurs, honnêtes ouvriers, on vous trompe par les idées généreuses qu'on attribue aux princes qui prétendent au trône ; toutes les brochures qu'on vous fait lire dissimulent l'imposture, ou sont dictées par l'ignorance ; chacun de ces écrits tend à surprendre votre bonne foi, par des promesses qu'on ne tient jamais. Ceux qui sont accusés d'avoir trempé leurs mains dans le crime ne peuvent être reconnus innocents qu'après un jugement, et ce jugement, la voix indignée du peuple l'a rendue. Eh bien ! c'est à nous tous, qui composons la grande famille française, de demander à ceux qui veulent nous gouverner, un compte exact de leur conduite passée, pour ne pas compromettre notre avenir.

L'intelligence des hommes de la campagne, qui, depuis quelque temps, s'est prodigieusement développee, ne se laissera plus absorber par les dehors trompeurs de ces gens bien vêtus, à l'air protecteur, qui espèrent trouver dans le suffrage universel un marche-pied pour les conduire aux honneurs ; l'orgueil qui couvre leurs paroles les y pousse, ainsi qu'à l'oubli de ceux qui les ont élus. Choisissez des hommes justes, dévoués aux principes de la religion, de la liberté et du droit, alors nous redeviendrons une grande nation, alors notre commerce, notre industrie, l'ordre social reprendront le cours de leur ancienne prospérité.

Respectons les lois qui régissent notre pays, faisons les respecter par ceux à qui nous en confions la garde, et alors les innocents cesseront d'être la proie des coupables, les tribunaux n'effraieront plus les honnêtes gens.

VIII

La longue série d'infortunes du duc de Normandie embrasse tant de documents; les preuves d'identité sont constatées par tant de personnes, que je ne peux ici m'étendre sur ce sujet : j'en dirai pourtant quelques mots, afin que mes lecteurs connaissent la famille de celui qui, né roi, est mort renié par sa sœur, ses oncles qui l'avaient dépouillé et par le comte de Chambord, qui se fait héritier des crimes de la fausse restauration.

Traqué par toutes les nations, le duc de Normandie dut longtemps, pour sauvegarder ses jours contre les assassins, cacher sur le sol étranger sa royale origine. Aussi courageux qu'il était pauvre, il rechercha dans le travail des moyens d'existence et, sous un nom supposé, il se fit successivement horloger et mécanicien ; son génie se révéla surtout dans des découvertes et des travaux pyrotechniques, qu'il exécuta plus tard. Les nuits qu'il passait au travail, lui permirent d'élever les enfants qu'il avait de son mariage avec une jeune orpheline dont la vertu, les qualités du cœur et de l'esprit le disputaient à la beauté.

Ses ennemis, ayant découvert la demeure du proscrit, ils usèrent de tous les moyens pour le ruiner, soit par le vol, soit par les procès qu'ils le forcèrent à soutenir; mais la Providence qui veillait sur lui et le couvrait de sa protection, permit que la honte rejailllit sur ceux qui se portaient ses accusateurs.

Venu plus tard en France, pour y réclamer ses droits devant la justice, deux assassins lui portèrent six coups de poignard, dont l'un à une ligne du cœur et un autre en pleine poitrine, qui l'eut tué instantanément si une médaille de la Sainte Vierge, qu'il portait suspendue au cou, n'avait amorti la violence avec laquelle le poignard était dirigé. Quand, arrivé chez lui, les amis du malheureux prince le déshabillèrent, ils virent la médaille percée à jour et teinte du sang qui s'était échappé de ses blessures.

Après sa guérison, le duc de Normandie commença le procès qui l'avait amené en France, mais à peine les assignations étaient-elles données, que Louis-Philippe le fit enlever, enfermer au dépôt de la préfecture de police sans le faire interroger, et transporter ensuite en Angleterre afin d'empêcher les suites d'un procès dont il craignait l'issue. Toutes ses réclamations furent vaines, la justice n'était pas créé pour lui. Ceux qui voulaient s'en défaire à tout prix, le poursuivirent en Angleterre où un assassin lui tira deux coups de pistolet, dont les balles lui traversèrent un bras. Quelque temps après, un autre criminel s'étant introduit dans sa maison, tenta de le faire périr dans son laboratoire, en y mettant le feu par un procédé chimique, préparé de manière à s'enflammer, au moment où, livré à ses études, le digne fils de Louis XVI se trouvait entouré de matière explosibles. Il fut affreusement brûlé dans toute sa personne et ne dut qu'à un courage surnaturel d'éviter une mort atroce.

Forcé de quitter l'Angleterre où, chaque jour, naissaient pour lui de nouveaux dangers, il se fixa en Hollande en 1845 ; là il soumit au gouvernement l'invention qu'il avait faite d'une arme de guerre, et de bombes pour la fabrication desquelles il passa un traité avec lui ; ces bombes, dont la marine hollandaise est armée, portent le nom de Bombes-Bourbon.

Le roi de Hollande fut le premier souverain, je pourrai dire le seul, qui sut s'affranchir de la pression exercée par les proscripteurs du prince ; non-seulement il lui accorda l'hospitalité dans ses États, mais encore il lui conserva toujours sa haute protection.

Peu de temps après son arrivée en Hollande, les chagrins dont toute sa vie avaient été abreuvée, mirent fin à la triste existence du duc de Normandie. Pendant le temps que dura sa maladie, deux médecins, délégués par le ministère, prodiguèrent au prince tous les secours de l'art et, conformément aux ordres qu'ils avaient reçus, ils adressèrent chaque jour au ministre de la guerre, le bulletin de santé de leur royal malade. Enfin le 10 août 1845, entouré de sa femme, de ses enfants et de ses plus fidèles amis, Louis XVII, dernier roi légitime de France, rendit son âme à Dieu. La foule qui eut à cœur de rendre au malheureux roi un témoignage de sympathie, en l'accompagnant à sa dernière demeure, dénote l'amour et le respect, que, dans toutes les classes de la société, il avait su inspirer par sa bonté continuelle et par la grandeur de son caractère.

Voilà donc Madame la duchesse de Normandie et ses enfants orphelins, livrés à l'avenir, sans autre appui que celui d'un Français distingué, le noble comte Gruau de la Barre, ancien procureur du roi, vieil ami du prince, qui en ce moment encore, dans sa 78e année, adoucit par son dévouement les chagrins de cette famille si lâchement sacrifiée.

Leurs économies peu considérables furent bientôt épuisées par les frais que nécessitait l'éducation des enfants ; grâce à la générosité de quelques amis, des maîtres spéciaux purent être donnés à ces descendants de tant de rois, qui emploient aujourd'hui l'instruction qu'ils ont reçue, à se créer des moyens d'existence : la princesse Amélie elle-même, excellente musicienne, et qui connaît parfaitement le français, l'anglais, l'allemand, l'italien et le hollandais, donne des leçons de musique et de langues pour aider sa famille. Quel contraste, mon Dieu ! entre ce dévouement que ma plume ne sait qualifier, et les persécutions dont son père fut l'objet !... Ah ! vous pouvez rire, grands seigneurs millionnaires, les enfants de vos rois travaillent, quand vous dormez, au milieu du luxe qui vous entoure et des plaisirs qui ont affadi votre âme. Habitués à recevoir des hommages que vous payez, mes vérités, dans leur crudité, vous déplairont peut-être ; mais si, ce que je n'espère pas, elles parvenaient à votre conscience, j'aurais accompli ma tâche, car j'aurais aiguisé vos remords. Le duc de Normandie a laissé huits enfants, dont l'aîné est mort à Bréda, les autres sont :

Les princes : Louis-Charles.

Charles-Edmond.

Adelberth.

Ange-Emmanuel.

Les princesses : Jeanne-Amélie.

Marie-Antoinette.

Marie-Thérèse.

Les princes Charles, Edmond, Adelberth et Emmanuel de Bourbon ont embrassé diverses carrières ; les deux premiers ont quitté l'armée pour étudier le commerce et l'industrie, et les deux autres servent le gouvernement Hollandais : le prince Adelberth, à La Haye, comme 1er lieutenant au régiment des grenadiers et chasseurs (garde du roi et de la reine), et le prince Emmanuel dans la marine de l'État.

La ressemblance de chacun des membres de cette famille avec les portraits de Louis XVI, de Marie-Antoinette, de la duchesse d'Angoulême et des autres Bourbons est frappante ; chacun d'eux offre le type Bourbonien, spécial à cette maison. C'est un bien beau, mais bien affligeant spectacle, que celui de voir ces fils de rois unis pour atteindre le même but, but d'autant plus louable, qu'il consiste à démasqner les turpitudes, dont les grands de ce siècle ont souillé tous leurs actes.

Reconnus en Hollande sous leur vrai nom de princes de Bourbon, ils veulent que la France, leur patrie, les reconnaisse légalement, afin qu'ils puissent jouir de l'héritage de leur père, héritage qui sert à payer la propagande du comte de Chambord. Ils veulent leur nom et leur fortune, et la magistrature ne pourra leur refuser son appui pour obtenir l'un et l'autre, quand elle aura compulsé les preuves qui s'élèvent en leur faveur.

IX

Toutes les personnes attachées à la cour de Louis XVI, qui ont revu le duc de Normandie quand il est revenu en France, l'ont reconnu pour le fils de leur ancien roi. Les marques naturelles qu'il portait sur le corps, et que tous avaient vues quand il était enfant ; le souvenir qui lui était resté des moindres détails de l'intérieur des palais, qu'il avait habités ; l'exactitude avec laquelle il rappelait à ses anciens serviteurs les conversations intimes d'autrefois, tout enfin avait contribué à effacer jusqu'au moindre doute dans leurs conscience.

Comme la police avait chargé des agents de tromper le public en se faisant passer pour Louis XVII, plusieurs personnes qui avaient appartenu au gouvernement de Louis XVI, soupçonnaient le duc de Normandie d'être l'un de ces agents, et n'allaient le voir que dans l'intention de dévoiler son imposture ; mais à peine les nouveaux arrivés avaient-ils vu et entendu ce prince, qu'ils étaient convaincus de sa parfaite identité.

Entr'autres témoignages qu'on ne peut révoquer en doute, puisqu'ils sont écrits et signés par leurs auteurs, j'ai vu ceux de :

M. de Brémond, ancien secrétaire intime de Louis XVI.

M. de Marco Saint-Hilaire, huissier à la chambre du roi.

Mme de Marco Saint-Hilaire, attachée à la personne de Madame Victoire.

Mme de Rambaud, ancienne femme de chambre

du prince, qui ne l'ayant pas quitté depuis sa naissance jusqu'au 10 août 1792, était, par ses anciennes fonctions, plus à même que personne de reconnaître son identité.

Le marquis de la Feuillade, des princes d'Aubusson, qui, très-jeune, avait joué à la cour avec le prince enfant.

Mme de Broglio-Salari, attachée à la personne de la reine et à la princesse de Lamballe.

Ces divers personnages qui, dans leur ancienne position, avaient souvent vu le Dauphin, questionnèrent le Prince sur des souvenirs de leurs anciennes relations, et que nul autre que lui ne pouvait connaître : le Prince étant doué d'une mémoire prodigieuse, répondait à tous avec autant de précision que si les faits, dont il parlait, avaient eu lieu la veille. — Ses descriptions de l'intérieur de la Tour du Temple, son souvenir de tous les événements qui s'étaient passés sous ses yeux, le firent reconnaître aussi par ceux qui l'avaient vu, servi ou gardé dans sa prison. — Le récit des circonstances dans lesquelles il fut enlevé par des amis, le fit reconnaître de ceux qui avaient contribué à le rendre à la liberté. — Tous ceux enfin qui, de près ou de loin, avaient connu le Dauphin, se firent un devoir d'accourir à lui, à l'exception de deux ou trois personnes qui, s'étant ralliées à ses ennemis, n'osèrent pas aller le voir.

J'expliquerai dans ma prochaine brochure, comment le Dauphin fut enlevé du Temple : à l'appui de chacune de mes assertions je produirai des preuves écrites et signées, preuves matérielles que pas un homme de bonne foi ne peut suspecter. Josephine de Bauharnais, plus tard femme de Napoléon Ier, Barras, les généraux de Frotté et Pichegru, ont tous contribué à l'évasion ; c'est par Laurent, qu'ils avaient envoyé à la prison du Temple comme gardien du Dauphin, qu'ils l'ont fait enlever. Les lettres de Laurent, les proclamation du général Charette à l'armée vendéenne, des médailles qui furent gravées à cette époque, et sur l'une desquelles il est écrit. en parlant du Dauphin: *Redevenu libre le 8 Juin 1795*; tout enfin, jusqu'aux actes du gouvernement révolutionnaire, établit clairement l'évasion. Si peu intelligent que l'on soit, on voit qu'en faisant mourir un pauvre enfant au Temple sous le nom du Dauphin, le gouvernement n'eut qu'un but : éviter les reproches des révolutionnaires qui l'auraient accusé de complicité, ou tout au moins de négligence, s'ils avaient su que le duc de Normandie leur avait échappé, et dans ces temps, il fallait si peu de chose pour attirer la mort sur une tête, que ceux même qui étaient au pouvoir, devaient user de la plus grande prudence.

Le malheureux enfant fut enlevé de la prison du Temple, mais que de souffrances il a endurées depuis, que de personnes dévouées à sa cause ont été assassinées par ses ennemis, que de crimes inexpliqués ! jusqu'à ce jour, ont été consommés, combien d'hommes ont disparu sans qu'on ait jamais su comment ! Eh bien ! tout est découvert maintenant.

Le Duc d'Enghien, si grand, si généreux, si aimé du peuple, fut assassiné par Bonaparte parce qu'il servait la cause du Dauphin.

Le Général Cte de Frotté fut traitreusement fusillé pour le même motif.

Le Général Pichegru fut étranglé dans sa prison par quatre hommes, payés par Napoléon Ier pour commettre ce crime, et ils furent eux-mêmes fusillés le lendemain, de crainte qu'ils ne parlassent.

L'Impératrice Joséphine, elle-même, qui connaissait toutes les circonstances de l'évasion du Dauphin, qu'elle protégeait en secret. mourut empoisonnée en 1814, ainsi que l'atteste le rapport d'un médecin envoyé par l'Empereur de Russie, pour constater les causes de sa mort.

Laurent déporté à Cayenne, par ordre de Napoléon Ier, n'en est pas revenu.

Et que d'autres, dont ses dépositions auraient suffi pour dévoiler de grands crimes, ont été sacrifiés par des potentats, craignant que leurs révélations n'ébranlassent leur couronne !

Toute la vie du Duc de Normandie est si prodigieuse, que les plus incrédules y voient le doigt de Dieu ; aucune force humaine n'eut pu échapper à tant de dangers, si la Providence n'eut guidé chacun de ses pas. Malgré tous ses malheurs il aimait tant la France, que jamais il n'a proféré la moindre plainte contre elle, qui lui refusait son nom. « Les « Français ignorent les crimes de leur gouverne- « ment » disait-il, « car s'ils les connaissaient, « s'ils s'avaient tout ce que je ressens d'amour « pour mon pays, je sais qu'ils me rendraient « justice. »

Le Duc de Normandie, digne fils du roi son père, a laissé à son tour une famille bien digne de lui : les sentiments élevés des Princes et Princesses chez lesquels nul n'a pu découvrir d'autres vœux que ceux qu'ils font pour le bonheur de la France, méritent bien qu'elle leur rende la justice qu'ils demandent.

Le dégout que leur inspire la conduite des prétendants guidés par l'ambition dans chacun de leur actes, met à jour leur cœur aussi grand que généreux ; et si je suis heureux de servir leur cause, c'est surtout parce qu'ils appuient tous leurs désirs sur la bonne foi, si rare chez les princes de nos temps, et que, devoués à leur pays comme simples citoyens, ils ne veulent de lui que cette qualité.

FIN

LES PROPHÉTIES

I

« Tous les moyens sont bons pour arriver »
parait être la divise des grands meneurs qui exploi-
tent, par les prophéties, la crédulité publique ; pour
eux rien n'est sacré, ils jouent avec la parole de Dieu
comme un enfant avec les objets qui attirent son
attention. Ils dénaturent le texte des révélations que
les hommes inspirés nous ont transmises, pour les
approprier à leur cause ; c'est ainsi qu'ils ont agi
à l'égard des prophéties d'Orval, de Sᵗ Cezaire et de
Blois, qu'ils ont répandues par milliers dans les
campagnes, en les faisant suivre de commentaires,
dont je vois bien le but, mais dont je ne peux saisir
le point de départ.

En effet, que disent ces trois prophéties : elles
s'accordent à annoncer que de grands désastres

accableront la France, que tous les éléments déchaînés anéantiront ce que la main des hommes n'aura pas eu le temps de détruire, et qu'au moment ou chacun se dira: tout est perdu, la toute puissance de Dieu se manifestera par l'arrivée d'un *jeune* Prince, dont la seule apparition suffira pour attirer sur la France des jours de bonheur et de prospérité, tels qu'elle n'en à jamais connus; — que ce jeune Prince unira *le lion* à la fleur blanche; — qu'il ne sera pas là mais qu'on ira le chercher; — que tout le monde sera étonné de voir arriver au trône ce grand Prince qui vit *inconnu au milieu du peuple;* — et qu'enfin ce ne sera pas *celui qu'on pense* qui doit régner, qui régnera.

Le bandeau qni couvre mes yeux doit être bien épais, car j'avoue ne rien voir dans ces prophéties qui puisse, malgré la meilleure volonté d'appréciation, se rapporter au comte de Chambord.

Le Comte de Chambord, âgé de 52 ans, n'est plus *un jeune Prince.* — Ses armoiries, qui sont celles de la maison de France, ne portent pas *le lion* qui doit être uni *à la fleur blanche.* — Il vit au milieu d'une cour, et non au milieu *du peuple.* — Enfin, jusqu'à ce jour, ses partisans ont espéré son arrivée au trône.

Je le dis et je le répète, rien dans les prophéties ne peut être attribué au Comte de Chambord; et ceux qui, pour lui prouver leur zèle, ont invoqué le surnaturel, ont commis une grande faute, car les armes dont ils ont voulu le défendre, détruisent ses prétentions.

La providence annonce un grand monarque, attendons-le, mais que le désir de hâter son avènement, ne nous aveugle pas au point de nous mettre à la merci du premier intrigant venu.

II

Dans l'opuscule qui précède, j'ai rapporté quelques révélations faites par Martin de Gallardon, que Dieu avait choisi pour écraser l'orgueil et faire connaître sa volonté; comme les visions de Martin se lient historiquement à l'existence de Louis XVII, je crois devoir en faire connaître quelques détails.

Après l'entrevue de Louis XVIII avec le prophète laboureur, tous les grands personnages de l'époque, tels que le duc de Montmorency, le comte de Larochefoucauld, plusieurs évêques, etc., etc., eurent à cœur de voir Martin, de le consulter; plusieurs d'entr'eux laissent percer, dans leurs mémoires, l'impression qu'ils ont ressentie. Charles X, la veille de sa chute, le fit consulter par un haut personnage sur la conduite à tenir; il répon 'it : que toute résistance ferait verser beaucoup de sang inutilement, que les Bourbons, coupables de désobéissance aux ordres de Dieu, avaient cessé de régner, qu'ils n'avaient plus qu'un parti à prendre, celui de quitter la France. Charles X donna l'ordre de partir immédiatement, et il s'embarqua pour l'Angleterre, avec toute la maison royale.

L'inspiré de Dieu qui, longtemps avant l'expédition d'Alger, avait prédit à époque fixe la prise de cette ville ; qui avait annoncé la révolution de Juillet et l'usurpation de Louis-Philippe, fut plus que jamais l'objet de la vénération publique. Il annonça que le fils de Louis XVI vivait malheureux en Allemagne, qu'il ne tarderait pas à rentrer en France, qu'on lui opposerait de faux Dauphins, mais que, le temps venu, il recevrait l'ordre d'aller le reconnaître ; en effet, en 1833, le prince était à Paris, reconnu déjà par Madame de Rambaud, Monsieur et Madame Marco de Saint-Hilaire, anciens serviteurs à la cour de Louis XVI ; L'imposteur Richemont était le faux dauphin, que lui opposa le gouvernement de Louis-Philippe ; ce fut alors que l'envoyé de Dieu, qui apparaissait et parlait à Martin, lui ordonna d'aller à Paris, où il verrait Louis XVII, (le roi de la Providence) et le reconnaîtrait à des indications qui ne pourraient pas le tromper : la reconnaissance eut lieu en présence de plusieurs amis du prince et d'étrangers, qui cherchaient à s'instruire.

Cet événement produisit une telle sensation parmi ceux qui croyaient à la mission surnaturelle de Martin et parmi ses ennemis, que dès ce jour, il sema autour de lui une espèce de respectueuse terreur.

La persistance de Martin a soutenir que le duc de Normandie, qu'il avait désigné, était bien véritablement le prince dont l'ange lui avait parlé, le voua à la mort. Les puissants du jour ne voulaient pas d'un roi providentiel, dont l'arrivée au trône eut anéanti toutes leurs intrigues, détruit toutes les combinaisons politiques qui ont conduit la nation dans l'abîme où elle se débat, et révélé bien des crimes dont on a cherché à effacer la trace en en commettant d'autres.

Quelques temps après, Martin, le prophète de Dieu, fut lâchement assassiné ; de hautes influences ont arrêté les recherches dirigées contre les auteurs de ce crime atroce, mais elles n'ont pu arrêter la suite des malheurs qu'avait prédits Martin. Les forts d'esprit nous répondront que Martin était un illuminé ou un adroit mystificateur, nous n'ajouterons que quelques mots : C'est que le pouvoir, effrayé de l'importance qu'il prenait, l'avait fait examiner par des célébrités médicales pour le faire *déclarer fou et enfermer* dans une maison de santé ; et que bientôt par la force des choses, l'enchaînement des circonstances, que chaque fois Martin annonçait d'avance, il fut, lui simple laboureur, conduit par le ministre de la police auprès de Louis XVIII, qui avoua plus tard que Martin lui avait donné d'excellents conseils : Quant à la deuxième hypothèse, pourrait-on admettre qu'un homme des champs, dont l'ignorance est à peu près complète, puisse rapporter avec précision des faits historiques qu'il n'a jamais étudiés, prévoir les événements futures sur les simples données du présent, sans qu'une puissance surnaturelle dictât ses paroles.

Tout ce que nous avons dit de Martin est constaté par les écrits du temps, et beaucoup de personnes qui vivent encore, se rappellent l'intérêt que chacun prenait à ses révélations.

FIN

Magny en Vexin (Seine-et-Oise). — Imprimerie O. Petit.